AF585755

QUATRIÈME

MÉMOIRE

SUR la néceſſité de fonder une École pour former des Maîtres, ſelon le plan d'éducation donné par le Parlement. Arrêt du 3 Septembre 1762.

JE me ſuis engagé à donner un quatrieme Mémoire. * Ce quatrieme Mémoire, doit être un plan ou eſſai de gouvernement pour une maiſon deſtinée à l'éducation commune. Des nouveaux motifs, j'ai preſque dit des nouvelles découvertes, m'obligent de donner un autre objet à ce quatrieme Mémoire. (*a*) Je puis prouver par une autorité reſpectable, par les conſéquences lumineuſes d'un principe avoué, enfin par des preuves dont je n'ai pas fait

* *Troiſieme Mémoire, pages 27, 28 & 47.*

(*a*) Je rappelle ici mes premiers engagemens pour prévenir l'accuſation d'oubli, ou de manque de parole. J'eſpere au ſurplus, juſtifier par ce Mémoire, ce changement de conduite.

ufage , la néceffité de fonder une Ecole pour former des Maîtres. La réunion de ces trois moyens, forme ce quatrieme Mémoire.

L'Univerfité de Paris propofe pour fujet du prix d'éloquence latine , qu'elle doit donner en 1763 : *Quanti populorum interfit, eadem in omnibus fcholis publicis de Religione, de moribus, ac Litteris doceri.* * L'Univerfité décide donc que le bien public demande, que l'enfeignement dans les Ecoles publiques foit un, & uniforme; que c'eft par cette voie de l'uniformité, que l'inftruction publique de la Jeuneffe, tournera infailliblement au profit de la Patrie. Le fujet propofé n'eft pas un problême à réfoudre ; c'eft une propofition vraie dans toutes fes parties, un principe déja prouvé par l'expérience, dont les conféquences heureufes feront développées, par toutes les plumes fçavantes & patriotiques qui travailleront fur ce fujet. On démontrera en mille manieres, la néceffité de cette unité, & uniformité d'enfeignement ; les avantages multipliés de cette unité, & uniformité d'enfeignement. La premiere partie eft prou-

* *Mandatum Rectoris die Jovis, 25 Novembris anno 1762.*

vée, par les vices inſéparables de la difformité, ou de la non-uniformité de l'enſeignement ; la ſeconde ſe prouve par les avantages qui réſulteront de la ſuppreſſion de tous les vices détaillés dans la premiere partie ; & enfin, toutes ces preuves ſont confirmées par le texte de la loi du 3 Septembre.

L'Univerſité de Paris, toujours dirigée dans le choix qu'elle fait des matieres à traiter pour le prix de l'éloquence latine, par l'aſpect de l'avantage des lettres en général, du progrès de l'éloquence, par l'amour du bien public, auquel elle s'intéreſſe par tous les moyens qui ſont propres de ſon état, ne pouvoit pas propoſer de ſujet plus important en lui-même, & plus conſidérable dans ſes ſuites. Elle détermine tout à la fois, le plan d'étude le plus excellent, & la voie unique de rendre ce plan d'étude vraiment utile à la ſocieté. L'Univerſité pouvoit-elle faire une plus belle apologie des Mémoires qu'elle a donné ſur les moyens d'affilier aux Univerſités, le plus grand nombre des Colléges, conformément aux diſpoſitions de l'Arrêt mémorable du 3 Septembre 1762 ?

Les cauſes de cette loi ſalutaire ſont

publiques. J'en ai fait la remarque dans le troisieme Mémoire; * j'en parle encore dans celui-ci, parce que c'est à la loi que nous sommes redevables de tout le bien que nous voyons déja de nos yeux. Le fondement de la loi, est ce germe fécond du bien :

L'instruction de la Jeunesse doit être telle, qu'elle puisse procurer à l'Etat, des CHRÉTIENS *& des* CITOYENS.

Le fondement établi, la loi elle-même éléve l'édifice, en prescrivant les moyens de la mettre à exécution, & d'en rendre l'exécution utile à la societé : donner un nouveau plan d'étude; ce plan d'étude une fois trouvé & approuvé, le rendre commun à tous les Colléges, par leur affiliation aux Universités.

» Afin que l'enseignement de la Jeu-
» nesse partant d'une même source, pour
» se répandre dans tous lesdits Colléges,
» se trouve par-là *plus uniforme, plus*
» *facile par conséquent à se conserver*
» *dans toute sa pureté, que les abus qui*
» *pourroient s'y introduire, puissent être*
» *plus promptement & plus sûrement ré-*
» *primés; & que, de cet enseignement,*
» *il résulte de* NOUVEAUX AVAN-
» TAGES, *pour le maintien des maxi-*

* *Pages 8 & 9.*

» *mes du Royaume, & pour la gloire* » *de la Nation.* « Ce moyen admirable & facile pour le maintien des maximes du Royaume, & pour la gloire de la Nation, l'Université veut le consigner dans ses registres, avant le temps où elle pourra en ordonner la pratique dans ses Écoles : *Quanti populorum intersit, eadem in omnibus Scholis publicis de Religione, de moribus, ac Litteris doceri.*

J'envie vos talens, sçavans Citoyens, anciens Éléves de la Fille aînée de nos Rois ! Je vous félicite d'avoir à traiter un sujet si glorieux pour vous. Qu'un Citoyen est heureux de pouvoir parler pour la Patrie ! Votre éloquence assurera, par un nouveau titre, l'immortalité à la premiere, à la plus ancienne Univesité ; & la Nation vous comptera un jour parmi les Défenseurs de sa prospérité & de sa gloire.

L'objet de ce Mémoire, est de tourner à mon profit, la décision de l'Université de Paris, il fut toujours permis pour le bien de la cause que l'on défend, de faire valoir toutes les raisons qui peuvent contribuer à ce bien. Je puis tirer avantage de la décision de l'Université de Paris, sur l'uniformité de l'enſeignement public; je le puis ſans effort. Je puis prouver par cette autorité reſpectable, que je n'avois pas pu invoquer dans les Mémoires précédens, la vérité des principes que j'ai établi, * & la néceſſité de fonder une Ecole pour former des Maîtres (*b*). Voici mes preuves; &, par anticipation, la concluſion de ce Mémoire.

* *Voyez le troiſieme Mémoire, note préliminaire, pages 3 & 4. Troiſieme Mémoire, pages 21, 22, 25, 26 & 27.*

(*b*) L'uniformité de l'enſeignement ne contredit pas la néceſſité d'établir des Maiſons, où ſeroient élevés les enfans qui, par différens motifs, ne pourront pas profiter de l'éducation des Colléges, ſelon le projet détaillé dans le troiſieme Mémoire. L'uniformité, ſi déſirable dans l'enſeignement, ne donnera ni les talens ni la volonté, pour apprendre le Grec ou le Latin, les langues mortes. Tout ce qui a été dit, dans le troiſieme Mémoire (*pag. 10 & ſuiv.*) ſubſiſte donc dans ſon entier. La déciſion & l'ordonnance de l'uniformité dans l'enſeignement, m'autoriſent à demander qu'on veuille bien faire attention, 1°. aux moyens que j'ai propoſé pour couper, par la racine, toute ſuſpicion de clandeſtinité dans l'éducation, d'éducation arbitraire, de mauvaiſe éducation. (*Voyez le troiſieme Mémoire, page 21, juſqu'à la page 27.*) 2°. A ce que j'ai dis des devoirs imprimés pour les différentes claſſes des Colléges, & particulierement

L'uniformité de l'enſeignement eſt un bien ; donc il faut l'ordonner, & la faire garder. L'uniformité de l'enſeignement eſt un bien ; donc il faut ordonner les moyens, & faire prendre les moyens qui ſeuls peuvent opérer cette uniformité.

En décidant la fin, on décide les moyens. L'univerſité a décidé la fin ; donc elle a décidé les moyens ; donc elle a décidé la néceſſité de fonder une Ecole pour former des Maîtres.

Si je puis prouver que la fondation d'une Ecole pour former des Maîtres, eſt le moyen de parvenir à l'uniformité de l'enſeignement, j'aurai rempli l'objet de ce Mémoire. Je commence par expoſer des faits conſtans ; ces faits joints aux principes, dont ils ſont les conſéquences, ſeront ma preuve.

L'uſage, aſſez communément établi

pour les Commençans, en faveur deſquels j'ai promis un Eſſai. (*Ibid. page 47.*) La queſtion me paroît décidée. Comment en effet, enſeigner la même choſe par rapport à la Religion, aux mœurs & aux Belles-Lettres, ſi chacun abonde dans ſon ſens ? Sera-t-il poſſible que les matieres, traitées en autant de manieres qu'il y aura de Profeſſeurs, ſe rapportent exactement au centre de l'uniformité. Des devoirs imprimés obvient à tout, &c.

dans plusieurs Communautés qui ont des Colléges, est de faire passer les Professeurs successivement d'une classe inférieure à une classe supérieure, de la sixieme à la cinquieme, & ainsi de suite. Cette discipline, source comme nécessaire d'une foule d'inconvéniens, que je ne détaille point ici, parce qu'ils ne sont ignorés de personne, a pour premier principe, les intérêts intrinseques des Communautés ; & pour second principe, les avantages qu'on a cru procurer à tous les enfans confiés aux soins d'un même Professeur, par l'uniformité d'enseignement & de gouvernement. Il y auroit du réel dans les promesses, si tous les Particuliers, qui, dans les Communautés, commencent à régenter ou à professer, après les années de probation, avoient toujours été, & étoient toujours des hommes dans lesquels fussent réunis tous les talens, & toute la doctrine nécessaire pour fournir cette carriere avec succès. Heureux les Commençans qui tombent en bonnes mains ! Mais..... tous les Particuliers aggregés à ces Communautés avoient eu ailleurs une éducation plus ou moins considérable; devenus Professeurs dans ces Communautés, où les Professeurs ont la même règle, les mêmes uſages, les uſages communs à tous, &c. Cependant ces Profeſſeurs ſont tout à la fois la même choſe, & ne ſont pas la même choſe. Chaque Profeſſeur a ſa méthode, ſa Juriſprudence, & ce qui lui eſt propre l'emporte preſque toujours ſur le plan uniforme.

C'eſt un axiome : on fait comme on a appris à faire. De-là, ſouvent ces habitudes que l'on combat toujours, & qui reparoiſſent toujours.

Je fais une autre ſuppoſition; cette ſuppoſition eſt peut-être de fait quelque part. Un Collége eſt renouvellé. Les Profeſſeurs ſont des hommes de choix; avec les premiers talens, chacun dans leur genre. Ces nouveaux Profeſſeurs ont eu la meilleure éducation poſſible dans les Univerſités & ailleurs. Ce Collége a une police, une diſcipline, un plan d'étude; c'eſt, ſi vous voulez le ſuppoſer, le nouveau plan d'étude de l'Univerſité de Paris. Tout doit être uniforme. L'enſeignement ſera-t-il uniforme dans ce Collége? Sans avoir vu, vous ne trouverez perſonne qui ne penſe qu'il y aura dans ce Collége, autant de méthode d'enſeignement, qu'il y aura de Profeſſeurs. Ces premieres obſervations préparent aux conséquences.

La réforme des études annoncée, par l'Université, de la maniere la plus publique, doit être considérée sous le point de vue de son objet total; c'est-à-dire, selon la lettre & selon l'esprit.

L'article capital dans la réforme, est l'uniformité de l'enseignement. L'uniformité de l'enseignement, considéré selon la lettre, est la pratique exactement observée d'un nouveau plan d'étude. L'uniformité de l'enseignement, considéré selon l'esprit, ou selon la vraie signification du mot, est l'uniformité de l'éducation. Cette double interprétation, est selon l'analogie des sentimens dont l'Université fait profession. Elle sçait: *que les Universités ont pour objet spécial l'éducation de la Jeunesse;* * que l'enseignement dans les Ecoles publiques, ne fait qu'une partie de l'éducation; que c'est aux Universités, qu'a été confiée l'inspection, l'amélioration l'accroissement de l'éducation, dans toute son étendue. L'uniformité d'éducation est donc l'objet réel des démarches de l'Université; & l'uniformité de l'enseignement dans les Ecoles publiques, n'est que la voie pour parvenir à l'uniformité d'éducation.

* *Arrêt du 3 Septembre 1762.*

Toutes les causes d'uniformité, soit dans l'éducation en elle-même, soit dans la méthode de l'enseignement, ont entr'elles une liaison essentielle, mais elles dérivent de différens principes productifs. Plusieurs articles, dans le plan de réforme, peuvent & doivent être décidés par une loi ; tous les autres, sont de nature à ne pouvoir être commandés, que dans la supposition qu'ils sont connus, parce qu'ils ont été appris, 1°. des statuts & une discipline uniforme. 2°. Un plan d'études uniforme pour toutes les Ecoles publiques. 3°. Une méthode uniforme d'enseignement. Tous ces articles peuvent être commandés. L'uniformité seroit infailliblement établie & gardée par-tout, si elle ne dépendoit, pour l'exécution, que de la notorieté de la loi. Mais les préceptes seuls ne font pas les Maîtres. Il faut de plus dans les Maîtres, assez de bonne volonté & assez d'intelligence, pour se rendre propres les préceptes, & pour n'en pas faire l'application à contre-temps. S'il n'y a que des préceptes pour fonder l'uniformité de l'enseignement dans toutes les Ecoles publiques, les Maîtres paroîtront faire la même chose par-tout ; mais la maniere de le faire, s'éloignera plus ou moins du vrai, du bon, du ſolide, ſelon le goût formé par l'éducation. *Quot capitum vivunt totidem ſtudiorum millia.* La loi ſera la même pour toutes les Ecoles; la pratique ne ſera pas la même. Les préceptes ſeuls ne font donc pas les Maîtres; il faut donc quelque choſe de plus qu'une loi, que des ſtatuts, qu'un plan d'études, pour parvenir à établir ſolidement l'unité de l'enſeignement, l'uniformité de l'enſeignement.

Sans entrer ici dans un plus grand détail, je me contente d'obſerver, comme en paſſant, qu'il en eſt de l'uniformité de l'enſeignement comme du concours; l'un & l'autre ſuppoſe les Maîtres & les talens.

Nous l'apprendrons, par l'expérience, dans la ſuite; ſi l'uniformité de l'enſeignement n'a pas été comme infuſe, par une éducation précédente; les Maîtres feront dans la néceſſité de renoncer à leurs propres idées, à ce qui eſt de ſyſtême dans tous les hommes; ces Maîtres tranſportés dans un pays tout nouveau, dont ils ne connoîtront pas les coutumes, feront peut-être beaucoup plus mal, parce qu'ils n'auront pas pu s'égarer utilement dans leur méthode particuliere.

Le plan de réforme des études, ſera comme un nouveau Code. Ce nouveau Code aura néceſſairemenr deux parties. La partie des Maîtres, la partie des Diſciples. Si l'on veut parler exactement, & d'après l'expérience, les deux parties n'en ſont qu'une. La partie des Diſciples, eſt réellement & premierement, la partie des Maîtres; puiſqu'il eſt prouvé tous les jours, & cent fois par jour, dans toutes les maiſons où ſe trouvent les Maîtres & les Diſciples, que les enfans n'obſervent la règle, qu'autant qu'ils ſont ſous la conduite d'un Maître qui ſçait la faire obſerver. De-là, la ſolution du problême, ſi c'en eſt un, pourquoi un Maître, avec des talens ſupérieurs, ne fait que peu de bons Ecoliers? Pourquoi un autre Maître, avec de moindres talens, fait preſque toujours d'excellens Ecoliers? Pourquoi tout ce qu'on appelle manutention ou bon ordre, ſe trouve dans une claſſe, & n'eſt pas obſervé dans un autre? Je m'abſtiens d'un détail plus minucieux, il ſeroit déplacé dans ce Mémoire. Ce détail eſt connu de tous les Maîtres; ceux qui l'ignorent, ignorent auſſi ce qui fait eſſentiellement un Maître. Les Maîtres conclueront avec moi, je parle d'après eux; un Maître eſt un homme formé tout exprès ſur le plan de la loi, & des conſtitutions ſous leſquelles il doit vivre, & faire vivre tous ceux qui ſont confiés à ſes ſoins. La réforme des études ſuppoſe donc des talens & des connoiſſances, qu'elle commandera ſans ſuccès, à tous ceux qui n'en auront pas acquis l'habitude, par une inſtitution formatrice & préparatoire.

Ces conſéquences deviendront encore plus ſenſibles, ſi on veut les rapprocher du plan uniforme d'éducation. Les talens, les connoiſſances néceſſaires pour l'éducation, plus néceſſaires pour l'uniformité d'éducation ; ces talens, ces connoiſſances ſe ſuppoſent, & ne ſe commandent pas. 1°. L'uniformité de conduite, c'eſt-à-dire, une conduite toujours égale, toujours unie, toujours la même. 2°. Uniformité d'exercice, ou uniformité de gouvernement, de telle ſorte que, dans les changemens de claſſe, il n'y ait point d'étude à faire ſous le nouveau Maître, pour le gouvernement & la diſcipline. 3°. Uniformité de ſentimens dans tous les Maîtres, travaillans tous ſolidairement à une œuvre commune. De l'uniformité de ſentimens, principe unique de l'uniformité de conduite, dépend tout le ſuccès de l'éducation & de l'enſeignement ; & de tous ces articles, que la loi ne peut prescrire qu'à ceux qui en ont acquis l'habitude, dépend tout le succès de la réforme des études.

S'il est possible de parvenir à l'uniformité d'enseignement, par d'autres moyens que par l'éducation uniforme des Maîtres, ces moyens seront incontestablement plus lents, incertains, exposés à toutes les vicissitudes des principes différens; ces moyens varieront dans l'usage, & par la relation des moyens à la fin, altéreront bien-tôt l'uniformité de conduite, d'enseignement; & la méthode d'éducation, sera toujours plus ou moins singuliere ou arbitraire.

Faut-il donc attendre, pour exécuter la réforme des études, qu'on ait pu former des Maîtres? La question sera décidée, par la sagesse des Législateurs & des Réformateurs. J'ai dit ailleurs * que je ne parlois pas comme Prophête, mais comme Observateur. En continuant d'observer, & marchant toujours à la lumiere de l'expérience; en concluant du passé au futur, je crois pouvoir augurer que l'établissement de la réforme, dans l'enseignement avant le temps, où on aura formé des Maîtres,

* *Troisieme Mémoire, page 9.*

ne contredira en rien, tout ce que j'ai dit, ni par le fait, ni par le succès.

L'Université nous permettra de lui demander (elle en fournit l'occasion, & il s'agit du bien public) si les Maîtres préposés à l'enseignement dans les Ecoles publiques, n'ont besoin d'aucune étude ; & , pourquoi ne le diroit-on pas ? d'aucune éducation préparatoire avant d'entrer en exercice ? si les Maîtres se forment seuls ? si on doit être décidé bon Maître, parce qu'on a été excellent Ecolier ? s'il y a quelqu'autre moyen aujourd'hui , pour être formé dans ce genre, que celui de l'exercice même du ministere ? Les premiers jours de l'exercice sont donc des essais. Malheur à ceux des jeunes Citoyens, qui serviront à l'expérience. On ne confieroit pas une Chaire de Professeur au premier venu, eut-il eu les succès les plus brillans dans les études. Avec les talens & l'érudition, il faut de plus l'épreuve, le travail , l'expérience. Je ne crois pas me tromper, en disant qu'on se conduit ainsi dans le choix des Professeurs; s'il en est autrement, je dis toujours ce qui seroit mieux. Est-ce donc qu'il ne faut point de talent, pour être Maître particulier dans les Colléges ou ailleurs? Les Professeurs président aux études, à l'enſeignement, à l'éducation; ma l'éducation totale ne ſe fait pas dans les claſſes. Il eſt des temps, où les Profeſſeurs n'ont rien à traiter avec leurs Ecoliers. Iroit-on trop loin, ſi on diſoit que ceux qui ſont chargés des enfans, & qui ne ſont pas Profeſſeurs, ſont ſpécialement les maîtres de l'éducation? qu'ils font l'éducation?

Si les ſoins ſe meſurent par le temps; & telle doit être en effet la meſure des ſoins & du travail de la part des Maîtres, les enfans ſont plus redevables à ceux avec leſquels il ont fait un plus long ſéjour. Les Ecoliers doivent être remis aux Profeſſeurs, par les Maîtres qui en ſont chargés; & ceux-ci doivent les recevoir enſuite de la main des premiers, pour cultiver tout ce qui s'eſt fait dans les claſſes. Tout le temps doit être rempli & bien employé. Il y a donc plus à profiter, là où il y a plus de temps employé; il y a donc auſſi plus de devoirs à remplir, là où il y a plus de temps à employer. Les Maîtres particuliers doivent donc être des hommes choiſis, des hommes formés tout exprès. S'ils manquent des talens, que l'éducation décide néceſſaires, le travail des Profeſſeurs ſera preſqu'en pure perte. Ici on bâtira; là on détruira. *Unus ædificans, & unus* *destruens, quid prodest illis nisi labor?* *

Qu'il me soit permis de le dire, parce que la gloire de l'Université m'est chere; le nom de l'Université de Pa[illegible] est célebre dans les fastes de la monarchie; elle ajoutera un nouveau lustre à son ancienne gloire; elle assurera l'immortalité à sa gloire, si, par ses soins, il devient impossible que l'administration de son domaine, soit confiée, dans la suite des générations, à des Maîtres, ou sans talens, ou sans expérience.

Mais quoi! l'expérience n'est-elle pas un grand Maître? le seul bon Maître? Peut-on être formé sans expérience? *Experto crede.* C'est l'ancien axiôme. C'est par les actes qu'on acquiert l'habitude. *Ex iteratis actibus fit habitus.* C'est en travaillant qu'on apprend à travailler. *Fabricando faber fit.*

J'avoue toutes ces maximes; je demande seulement, qu'on veuille bien n'en pas faire l'application à contre-sens.

L'expérience est le plus grand maître. Elle a été le premier maître. *Animadversio peperit artem.* C'est la maxime des Orateurs & des Philosophes. Mais pourquoi, d'après les observations faites par l'expérience, a-t-on fait des Recueils & des Traités? On a cru sans

* *Eccli.* 34. 28.

doute ſervir aux races futures, & leur frayer par-là une voie ſûre, commode & abrégée pour parvenir. Par-là, chaque Particulier s'eſt heureuſement trouvé diſpenſé d'apprendre par la ſeule expérience ou par l'eſſai; cette voie eſt longue, & tous ne ſont pas capables de faire des découvertes par eux-mêmes. C'eſt donc agir très-prudemment, ſi cette méthode eſt poſſible, d'apprendre les principes, de ſe nourrir, de ſe rendre propres les principes dictés par l'expérience. Si ce n'eſt pas une vraie préſomption ou une ſorte d'égarement, c'eſt tout au moins une témérité bien marquée, de recourir encore aujourd'hui à la pratique des premiers hommes, qui, ne pouvant apprendre que par la voie des eſſais, tentoient tout, eſſayoient ſur tout. Dans les ſiecles qui ont ſuccédé aux premiers âges, pour travailler avec confiance & avec ſuccès, on a pu, plus ſimplement & plus ſûrement, s'inſtruire par les expériences faites, & par les principes qui en étoient les conſéquences; la route eſt frayée, & on ſe trouve bien d'y marcher. On écoute les grands Orateurs, les grands Philoſophes, & on ſe forme ſur ces modeles.

Quel jugement porteroit-on, d'un homme qui ne conſulteroit perſonne, qui fuiroit la rencontre des plus grands Maîtres, parce qu'on a l'exemple que quelqu'un s'eſt formé ſeul? ce qui eſt vrai pour les ſciences ſpéculatives, eſt encore plus vrai pour les ſciences pratiques. On ne s'aviſe plus de gâter, de détruire beaucoup de matiere, dans l'eſpérance d'apprendre à n'en plus gâter. Plus l'art eſt difficile, plus on s'applique aux préceptes. L'homme ſage, le Citoyen qui veut ſervir la patrie par ſon travail, ſouſcrit aux conditions de l'étude qui le rendra ſçavant. Lorſqu'il en eſt temps, il travaille comme maître, & s'applique à perfectionner ce qui eſt déja bon. En ſe donnant pour maître, il eſt aſſuré qu'il fera bien, & il s'exhorte à bien faire, dans l'eſpérance de faire encore mieux.

Les comparaiſons reviennent ici, & l'application en eſt facile. Avec quel ſoin les Maîtres, dans tous les genres, s'ils ſont gens de probité, ne forment-ils pas leurs Eleves? Un Eleve travaille long-temps ſous les yeux du Maitre formateur, avant que d'être laiſſé à lui-même. Le Maître donne les préceptes, il conduit la main, & cependant l'ouvrage eſt encore de rebut pendant du temps. Les mains novices ne ſont pas admiſes au chef-d'œuvre.

Qu'il me ſoit permis, pour terminer cette réponſe, de propoſer quelques queſtions.

L'éducation peut-elle être l'objet d'un eſſai ?

Eſt-il de l'honête homme, de s'engager à faire ce qu'on n'a jamais fait, & de promettre de bien faire ce qu'on n'a jamais appris ?

Eſt-il de l'homme prudent, de s'expoſer ſans guide, aux dangers d'un chemin qu'on ne connoît point ?

Sous les yeux de qui travaille-t-on, dans les quartiers des Colléges & ailleurs ? Mille fois, & dans mille occaſion, il faut s'en rapporter aux Maîtres qu'on y a placé, & les ſuppoſer Maîtres ; s'ils ne ſont pas Maîtres, que feront-ils ?

N'eſt-ce pas un crime, de ſacrifier un ſeul enfant à l'apprentiſſage d'un homme, qui n'eſt Maître que par le nom qu'on lui donne ?

La formation du cœur & de l'eſprit, n'eſt-elle pas le chef-d'œuvre de l'Art des Arts ?

Confier l'éducation des enfans, à des hommes qui n'ont pas été formés tout exprès, n'eſt-ce pas, par un renverſement prodigieux de tous les principes, enſeigner que l'Art, de tous les Arts le plus difficile, eſt le ſeul qui ne doit pas être appris ?

J'avois à prouver que la fondation d'une Ecole pour former des Maîtres, étoit la voie ou le moyen de parvenir à l'uniformité de l'enſeignement dans toutes les Ecoles publiques. J'ajoute, par la confiance que donnent les preuves, que l'établiſſement de cette Ecole, eſt la ſeule voie de parvenir à fixer irrévocablement cette uniformité dans toutes les Ecoles publiques ; que la relation de l'un à l'autre, eſt comme de l'effet à la cauſe. Je puis donc conclurre, ſans crainte d'être contredit par perſonne, que la fondation d'une Ecole pour former des Maîtres, eſt un établiſſement bon en lui-même, avantageux à la Societé, très-important pour le progrès des Lettres; & que par conſéquent, l'Univerſité doit s'y intéreſſer.

Diminuons tant qu'on voudra des prétentions ; affoibliſſons les conſéquences ; qui eſt-ce qui pourroit ne pas avouer, qu'une même inſtitution pour les Maîtres, ne contribuât, plus ſûrement & plus facilement, au ſuccès d'un même plan d'étude, par l'uniformité de l'enſeignement ? Cette inſtitution eſt donc un plus grand bien ; ce plus grand bien eſt poſſible, l'Univerſité y eſt donc intéreſſée ; elle doit donc le procurer, ſi elle peut le procurer ; l'Univerſité doit donc deſirer & demander, la fondation d'une Ecole pour former des Maîtres.

Permettez encore aujourd'hui à un Citoyen, Magiſtrats illuſtres, d'invoquer votre nom & vos Loix. Le Tout-puiſſant vous a donné la ſageſſe, qui préſide à vos Conſeils. Par vos ordonnances, l'homme apprendra, dès les premieres années de ſa vie, à connoître le Créateur, à adorer le Dieu terrible en eſprit & en vérité. La Patrie vous devra ſon renouvellement & ſa jeuneſſe ; la Societé ſa paix & ſa proſpérité. Achevez l'œuvre que vous avez ſi glorieuſement commencée. Vous voulez le bien des jeunes Citoyens, le fondement de la gloire de l'Etat ; donnez des Maî- à vos enfans ; donnez des Maîtres à ceux qui, placés un jour ſur les Siéges reſpectables que vous occupez, dicteront, après vous, les Loix aux Peuples ; donnez des Maîtres à la Nation entiere, par la fondation d'une Ecole pour former des Maîtres.

En Janvier 1763.

N. B. Il a paru depuis quelque tems un Mémoire ſous ce titre : *Mémoire ſur la néceſſité d'établir dans Paris, une Maiſon d'Inſtitution pour former des Maîtres, & quelques Colléges pour les baſſes Claſſes.* Ce Mémoire a paru de nouveau, ſous le même titre, avec cette addition : *Edition revue & augmentée.* Il y a en effet des additions conſidérables. Ce Mémoire n'a aucun rapport aux Mémoires ſur la néceſſité de fonder une Ecole pour former des Maîtres, ſelon le plan d'éducation donné par le Parlement. Arrêt du 3 Septembre 1762. L'Auteur de ces Mémoires, dont celui-ci eſt le quatrieme, n'a eu aucune part au Mémoire qui donne lieu à cette obſervation. La vérité nous oblige d'en faire ici la remarque.

Fautes à corriger dans le troiſieme Mémoire.

Page 1 ligne 18, de ce Royaume, *liſez* du Royaume.

Page 2 ligne 14, par jugement, *liſez* par le jugement.

Page 4 ligne 13, pour les raiſons, *liſez* par les raiſons.

Ibid. lig. 16, le ſuppléer, *liſez* ſe ſuppléer.

Page 12 ligne 4, l'aptiſude, *liſez* l'aptitude.

Page 13 ligne 20, ſuit, *liſez* finit.

Page 21 ligne 6, de la confiance, *liſez* la confiance.

Page 22 lig. 2, tel forme, *liſez* telle forme.

Page 26 ligne 1, regle nouvelle, *liſez* regle uſuelle.

Page 33 ligne 6, l'uſage, *liſez* l'âge.

Dans le troiſieme Mémoire, il y a un *Errata* pour le ſecond. Il y a deux fautes à la troiſieme ligne. Il faut effacer cette ligne, & lire ainſi pag. 7 lig. 2, d'écrire, *liſez* de vivre.

www.ingramcontent.com/pod-product-compliance
Lightning Source LLC
LaVergne TN
LVHW052029170826
845678LV00018B/1221

9782329635101